Robin
et sa genette

DANS LA MÊME COLLECTION

Le grand match de R. Escudié, illustré par C. Piron

Horreur ! Le répétiteur ! de N. de Hirsching, illustré par E. Madeddu

Marie en Amazonie de C. Lamblin, illustré par F. Roudot

Titus a disparu de F. Fontaine, illustré par B. Bachelier

Noémie, le prince et le chat blanc de R. Morel, illustré par I. Chatellard

2, rue Chappe – 78130 Les Mureaux
Tél. : 01 34 92 78 78 – Fax : 01 34 92 82 50
Site internet : www.editions-sed.fr

Cycle 2 – ISBN : 978-2-86893-844-2
Réf. : 14606

Robin et sa genette

Texte de René ESCUDIÉ
Illustrations de Thierry Christmann

éditions sed

1

Où l'on rencontre Robin et où l'on fait connaissance avec sa méchante belle-mère, la Renaude.

Robin aime bien aller ramasser du bois dans la forêt.

Il se dit : « Au moins, la Renaude me laisse tranquille ! »

La Renaude, c'est la femme qui a remplacé sa mère l'année dernière.

Quand il pense à sa mère, Robin sent les larmes lui monter aux yeux. Elle est morte en mettant au monde son quatrième enfant, une petite fille qui n'a pas vécu longtemps.

Quelque temps plus tard, le père de Robin s'est remarié avec une voisine, la Renaude.

Depuis ce jour-là, Robin est devenu son souffre-douleur. Elle le gronde, se moque de lui, et parfois même, elle le bat.

Elle lui hurle : « Tu es un fainéant ! Fais ceci ! Fais cela ! Dépêche-toi ! »

La Renaude lui fait porter des seaux d'eau remplis à ras bord, gratter la terre dure avec une houe, mettre sur son épaule des fagots énormes.

Pourtant, Robin n'a que huit ans et il n'est pas très solide. Il n'ose pas se plaindre. Il l'a fait une fois, mais son père l'a battu en lui ordonnant d'obéir à la Renaude. « C'est elle qui te fait manger, pendard ! »

Manger ! Elle qui ne prépare aux enfants qu'une soupe de racines, à chaque repas !

Ce matin, la Renaude a envoyé Robin chercher du bois. Il commence à ramasser des branches mortes et à les assembler en un gros fagot.

Tout à coup, il entend du bruit dans un fourré.

2

Où l'on découvre ce qui se cache dans les fourrés.

Robin reste immobile.

C'est peut-être un animal ? Ou un brigand ? Peut-être même un diable ? Avec des cornes et une queue fourchue comme celui qui est peint au-dessus de la porte de l'église ?

Le bruit recommence dans les fourrés. Robin retient sa respiration. Il regarde attentivement. Il voit des herbes bouger et entend un froissement de feuilles.

Il se rapproche du buisson, s'agenouille et écarte doucement les branches.

Brusquement, quelque chose lui saute

au visage : il tombe en arrière sur de la mousse. Un animal à la forte odeur saute au-dessus de lui et disparaît dans la forêt.

L'animal avait un museau pointu, des petites pattes avec des griffes et une longue queue rousse avec des anneaux de poils noirs.

Une genette ! Un braconnier lui en a montré une, un jour.

Robin se dit : « Ah ! Si j'avais pu l'attraper ! Moi aussi, j'aurais pu aller la vendre à la ville ! »

Mais il se dit que son père et la Renaude ne lui auraient jamais laissé l'argent ou bien que les gardes du château l'auraient attrapé : il est en effet défendu de chasser.

Il pousse un soupir et recommence à travailler.

Soudain, il s'arrête et se dit : « Mais les genettes ne sortent que la nuit ! Qu'est-ce qu'elle pouvait bien faire dans ce buisson ? »

Il écarte alors les branches et il comprend.

Au sol, il y a un bébé genette qui le regarde avec de grands yeux ronds. Le petit animal a une patte avant toute tordue.

Robin murmure : « N'aie pas peur ! Je ne te ferai pas de mal ! Tu n'es pas assez grosse pour faire un bon repas et puis, tu as l'air d'avoir mal. Je vais essayer de te soigner. Tu as dû tomber de l'arbre cette nuit et ta mère voulait te faire remonter dans ton nid. Ne bouge pas ! »

Il prend doucement la petite genette dans ses mains. Elle est toute douce et chaude. Il touche délicatement la patte blessée. Elle pousse un petit couinement et essaye de le mordre.

« Holà, ma belle ! Je ne te veux que du bien ! » Il la pose sur de la mousse, casse une brindille de bois, l'attache à la patte avec des herbes sèches.

« Voilà ! dit Robin. Maintenant, il ne reste plus qu'à attendre. Mais qu'est-ce que je vais faire de toi ? »

Il se gratte la tête et réfléchit. L'arbre est trop haut, il ne peut pas y grimper pour remettre la petite bête dans son nid. Il ne peut pas non plus la laisser dans le buisson : le goupil ou la belette n'en ferait qu'une bouchée. Que faire ? Il n'y a qu'une solution…

Il ouvre sa chemise de laine, y place la petite bête et charge le fagot sur son épaule.

Devant la chaumière, la Renaude l'attend :

« Et alors, fainéant, c'est tout ce que tu rapportes ? J'ai failli attendre pour mon feu ! Et la chèvre qui n'est pas encore traite ! Dépêche-toi, sinon tu n'auras rien à manger ! »

Débarrassé de son fardeau, Robin court vers la cabane où la chèvre est enfermée.

« Biquette ! Biquette ! C'est moi ! J'arrive ! »

La chèvre tourne vers lui sa tête intelligente et pousse un petit « Bêê ! » de bienvenue. C'est son amie. Il a souvent pleuré pendant qu'il la trayait.

Il sort de sa chemise la petite genette endormie et l'approche de Biquette. Celle-ci la renifle une ou deux fois puis se tourne vers le garçon.

« Ne t'inquiète pas. Je vais lui faire un petit nid d'herbe sous le toit et tu me donneras un peu de ton lait pour la nourrir. D'accord ? »

Rassurée, la chèvre bêle gentiment.

3

Où naît une grande complicité entre Robin et Jolie.

Tous les jours, Robin va voir la genette. Il fait couler quelques gouttes de lait de Biquette sur un chiffon de lin et le fait sucer au petit animal.

Celui-ci se rétablit rapidement et commence à explorer la cabane. La chèvre le regarde faire des cabrioles et, parfois, la genette saute même sur son dos.

Robin lui a cherché un nom. Finalement, il l'a appelée Jolie, c'est court et très facile à prononcer. Quand elle entend son nom, la petite genette tourne ses grandes oreilles pointues vers lui et penche un peu la tête. Puis, elle bondit sur le garçon, accroche ses griffes dans le tissu de ses braies et grimpe jusqu'à son épaule. Elle adore jouer avec ses cheveux.

Il commence à donner à la petite genette des sauterelles et des scarabées qu'elle mange de bon appétit. Un matin, c'est elle qui apporte à Robin une souris attrapée pendant la nuit. Il caresse et félicite Jolie et, à partir de ce jour, il l'emmène avec lui dans la forêt, cachée dans sa chemise. Là, le jeune garçon la lâche et Jolie se met à chasser mulots et campagnols.

Un matin, la Renaude envoie Robin chercher de l'eau à la source située en pleine forêt. « J'ai mal au ventre, dit-elle. C'est une eau miraculeuse. Prends ce grand pot ! »

Robin connaît le chemin, c'est très loin, à une journée de marche aller-retour.

Il se dirige vers la cabane de Biquette mais la Renaude se met en travers :

« Où vas-tu ? La chèvre est déjà attachée à son piquet dans le champ.

– Mais...

– Il n'y a pas de mais ! Dépêche-toi ! Sinon, tu seras obligé de revenir à la nuit et tu te feras dévorer par les loups-garous ! »

Triste de ne pas voyager avec son amie Jolie, Robin s'enfonce dans la forêt.

Quand il revient, fatigué, il fait presque nuit. Il dépose le lourd pot sur le banc devant la porte et court vers la cabane.

Il appelle : « Jolie ! »

Mais personne ne vient vers lui. La cabane est vide. Biquette le regarde de ses grands yeux tristes.

La petite genette a disparu.

4

Où l'on apprend le sort réservé à la genette.

La Renaude ricane :

« Qu'est-ce que tu allais faire dans la cabane de la chèvre ? Tu cherchais quelque chose ? »

Robin ne dit rien. Il mange un morceau de pain noir avec un oignon.

La Renaude reprend :

« Je t'ai demandé si tu cherchais quelque chose dans la cabane de Biquette. Alors ?

– Tu réponds quand on te parle ! » gronde le père.

Les deux petits frères de Robin ne bougent pas. Robin lève les yeux.

« Je cherchais… Je cherchais ma genette…

– Ta genette ! Quelle genette ? Tu as une genette, toi ?

– C'est un bébé que j'avais trouvé… Je l'ai soigné…

– Eh bien, ta genette, elle n'est plus là ! Elle est vendue ! »

La Renaude éclate de rire.

Robin crie : « Vendue ? À qui ?

– Au château. Ils ont plein de souris là-bas. Et il paraît que la Demoiselle l'a trouvée jolie, cette petite bête. Tu croyais peut-être que tu allais la garder pour t'amuser au lieu de travailler ?

Si tu crois que je ne m'étais aperçue de rien ! Tu étais toujours dans cette cabane ! Ah ! Elle n'a pas été facile à attraper ! Elle a même failli me mordre ! Mais, hop ! Je l'ai collée dans un sac et hop ! Au château ! Et les trois pièces qu'on m'a données vont payer tout le bon lait de Biquette qu'elle a bu ! Et maintenant, ouste ! Au lit ! »

Pendant la nuit, sur la paillasse qu'il partage avec ses frères, Robin ne dort pas. Il pense à Jolie. Il se demande si elle va bien, si elle a assez à manger, si elle a assez de caresses. Il a le cœur gros. Il finit par tomber dans un sommeil plein de cauchemars.

Le lendemain, c'est la fête du village. Robin a été réveillé par la cloche de l'église. Il sait que, pour une fois, il n'y aura pas trop de corvées, la Renaude sera trop occupée à discuter avec toutes les autres femmes. Il enfile ses braies et sa chemise. Il court vers le village et le château.

Les gens sont venus de tous les hameaux. Ils attendent devant le pont-levis gardé par deux soldats aux hallebardes entrecroisées. C'est la seule fois de l'année où les paysans peuvent assister à la messe dans la chapelle du château.

Robin se glisse au premier rang. Il verra peut-être la Demoiselle. Les autres garçons en ont beaucoup parlé. Ils disent qu'elle est belle comme une statue d'église. Ils disent aussi qu'elle a appris à lire et à écrire comme un prêtre. C'est la fille du seigneur du château.

Robin est plein d'espoir. La Demoiselle viendra peut-être avec la petite genette. Il pourra alors la voir et la caresser une dernière fois…

Le cortège s'avance. Le seigneur est en tête, vêtu de riches étoffes, accompagné de sa femme qui porte un immense chapeau pointu. Elle tient la main d'une petite fille de l'âge de Robin, les cheveux blonds serrés sous une fine dentelle. Derrière, d'autres gens richement habillés suivent. Robin ne les voit pas. Il a les yeux fixés sur les manches immenses de la Demoiselle. Il se demande si Jolie n'y est pas cachée. Il ne voit rien bouger.

Il entre avec le cortège dans la chapelle. Quand la messe est finie, il suit la compagnie en se cachant. Il pénètre dans le château.

L'intérieur paraît sombre après le grand soleil. Personne ne fait attention au jeune paysan. Il y a beaucoup de domestiques qui vont et viennent. Il les suit et se retrouve dans une salle immense. Il y a une grande table couverte de draps blancs. Des hommes et des femmes apportent des plats d'argent, des coupes de fruits et des cruches pleines de vin.

Robin se cache derrière une tenture.

5

Où l'on découvre ce qu'il advient de Robin.

Il fait noir derrière la tapisserie. Robin se dit qu'il a fait une énorme bêtise. Il n'ose pas bouger. Si un garde l'aperçoit, il sera peut-être fouetté et enfermé dans un cachot noir. Il tremble.

Soudain, il entend parler et perçoit de la musique. C'est tellement beau ! Il jette un coup d'œil : il voit deux musiciens, l'un joue de la vielle et chante, l'autre souffle dans un cornet courbe. Mais la chanson du troubadour est à peine terminée qu'il entend une voix :

« Père ! Mère ! Cette bête ne veut pas rester avec moi ! Je voudrais tant la caresser !

Mais elle ne veut pas, elle ne cherche qu'à s'échapper ! Père, vous qui êtes si puissant et à qui tout le monde obéit, dites-lui de se laisser caresser ! Sinon, je taperai du pied, je crierai, je pleurerai ! Regardez ! Elle s'échappe ! »

On entend d'autres voix :

« Holà ! Qu'on se saisisse d'elle ! Elle va par ici ! Elle va par-là ! »

Quelque chose de doux passe sur les pieds nus de Robin, il sent de petites griffes s'accrocher à ses braies, puis à sa chemise et un petit corps chaud vient se nicher contre son épaule. Au même instant, une main soulève la tapisserie.

Deux gardes amènent Robin devant la grande table.

« Que fais-tu là ? », demande le seigneur.

Alors, avec de gros sanglots, Robin raconte tout : le bébé genette blessé, les soins qu'il lui a apportés et leur complicité.

« Mais maintenant, elle est à moi ! Mon père l'a payée ! En bonne monnaie ! dit la Demoiselle.

– Je sais, dit Robin. Mais je voulais la revoir une dernière fois. Je l'aime et elle m'aime.

– Mais moi aussi, je l'aime ! dit la Demoiselle.

– Oui, mais elle, cette bête, elle ne t'aime pas, dit le seigneur.

– Monseigneur, dit Robin, je pourrais peut-être lui apprendre.

– Oh oui ! Oh oui ! dit la Demoiselle. Et moi, je t'apprendrai à lire ! Tu aimerais savoir lire ?

– Je ne sais pas, dit Robin. Au village, personne ne sait lire.

– Voilà qui est dit, intervient le père. Te voilà chargé de l'éducation de la genette de ma fille. Tu logeras au château. Qu'on aille prévenir ses parents ! Et maintenant, troubadours, jouez votre meilleure musique ! »

L'assemblée mange, parle, rit et boit.

Pendant ce temps, Robin commence sa première leçon :

« Elle s'appelle Jolie et il faut lui parler sans crier. Tu peux la caresser. Doucement… Ce n'est pas une poupée… »

Reproduit et achevé d'imprimer
en février 2007
par l'imprimerie Egedsa
à Barcelone, Espagne
pour le compte
des éditions Sed
2, rue Chappe
78130 Les Mureaux